AF440806

Catalogación en la publicación – Biblioteca Nacional de Colombia

Morales Aguilar, Álvaro, 1939-
    El zodiaco juguetón / Álvaro Morales Aguilar ;
ilustrado por Diana Sarasti Realpe. – Bogotá : Editorial
Magisterio, 2016.
    p. – (Colección oso de anteojos)

    ISBN: 978-958-20-1225-0

    1. Poesía colombiana - Siglo XXI 2.
    Literatura infantil colombiana
    I. Sarasti Realpe, Diana Marcela II. Título III. Serie

CDD: Co861.5 ed. 23   CO-BoBN– a985324

El Zodiaco Juguetón

Álvaro Morales Aguilar

Ilustrado por:

Diana Sarasti Realpe

Colección Oso de Anteojos

EL ZODIACO JUGUETON

©   Álvaro Morales Aguilar
Primera edición 2016
Reimpresión: 2019

©   Cooperativa Editorial Magisterio
Diagonal 36bis no 20-70
PBX: 0571-3383605
Bogotá, D.C. Colombia
www.magisterio.com.co

ISBN: 978-958-20-1225-0

Diseño e ilustración: Diana Sarasti Realpe

A mis nietas:

Alejandra, Isabella, Violeta y

Emma Sofía.

Capricornio

Si ves una cabra
que luce sus cuernos
en toda la testa
no piensas que es ésta
una cabra cadabra
o abracadabra
ni que es un carnero
ni tampoco un chivato

Es el retrato
del *capricornio*
cuyo nombre y renombre
proviene de **capra**

que es cabra

y de **cornu**

que es cuerno

en idioma latino

que habla don Trino

tu amable vecino
que es políglota
y calza unas botas

Y quien sufre de *gota*
en el dedo derecho
más gordo del pie
y que sin bota
o con bota
le duele lo mismo
porque es reumatismo
o **reuma** con **tismo**
como dice chistosa
la tía Modestina
que vive en la esquina
y a quien
un mal semejante
la postra en la silla
con mal de rodilla
y de rabadilla.

Acuario

Este risible insuceso
fue por Tamalameque
junto al Caño Colorado
donde a la vida brotó
el niño Crispín Pocheche
y donde la Llorona Loca
como dice la canción
las calles paseaba de noche
con un tremendo tabaco
bien encendido en la boca

Si bien entonces no había
acueducto en el poblado

todos los pobladores
llenaban hasta los topes
sus *tinajas y sus moyones*
hechos de barro cocido
con agua del cielo llovida
o del río burritraída
en asnos por *aguadores*

Y por las calles del lugar
encantaba entonces ver pasar
el safari de borricos
con cajas y con galones
montados sobre sus lomos
bajo un sol de quemadura
que en el cielo hervía
cual torta de oro fundido

Durante largo rato
todo marchó en el pueblo
sin zancadillas ni tropezones

GUIROPIN

hasta la llegada
de un alcalde forastero
de apellido Viveros
en tiempos del General
al que hicieron Presidente
y llamaron *Gurropín*

Y como los *jumentos*
en su diario vaya-y-venga
en su siempre venga-y-vaya
alfombraban el poblado
con las verdes margaritas
de su verde digestión
al alcalde militar
le causaba desespero
las calles contemplar
adornadas del reguero
de los burros *aguadores*

Y dispuesto al desaseo
para siempre erradicar
este Decreto inventó:
"Quedan muy obligados
todos los *aguadores*
de aquí para adelante
en el pegue de los rabos
de sus asnos de labores
mochilas amarrar

"Y que ninguno falle
en este mandamiento
con el objeto de evitar
la impresión tan maloliente
de sus caprichos digestivos
esparcidos por las calles

"Mil pesos serán de multa
a quien desobedezca
y no se valdrán disculpas

de quien la pena merezca"

Y al niño Crispín Pocheche
y su gallada de aventuras
festejaban con risotadas
la fiesta de mochilas
bailoteando en los traseros
de los burros *aguadores*.

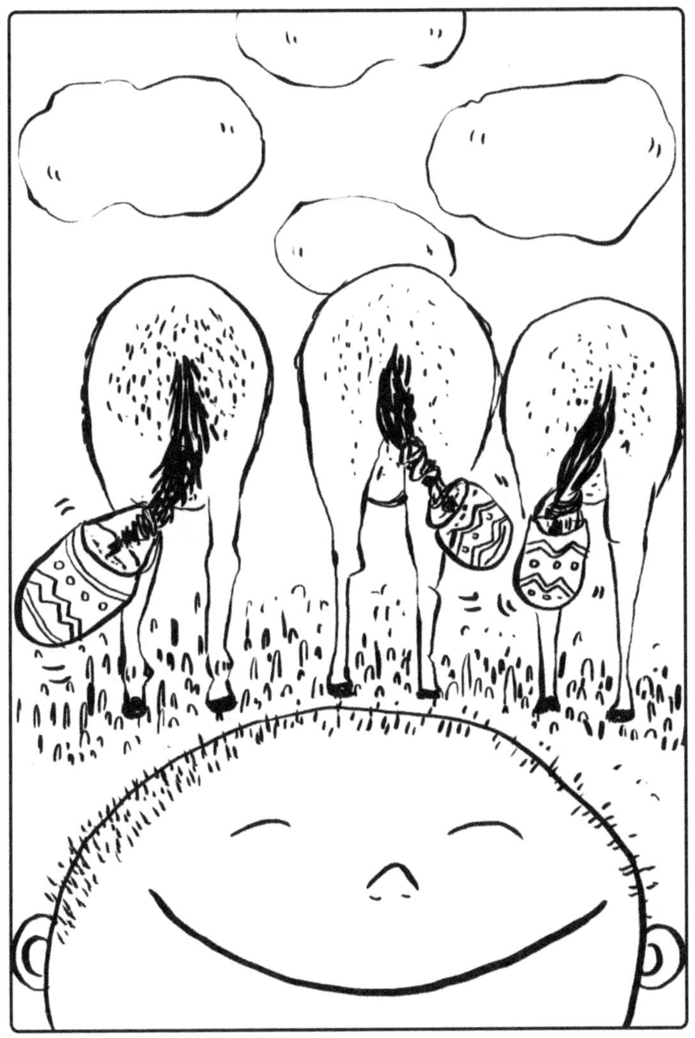

Piscis

Cualquiera diría
Rosa María
que el pez y la pez
tienen tal vez
el mismo jaez

Pero eso es mentira
Roxana y Nadira
que el pez y la pez
no son a la vez
un pez más un pez
y a ti te lo digo

Pedrillo Meneses
que son menos un pez
repetido dos veces

Pues como ves
Libia Inés
y aclarando prosigo
de escamas vestido
luce don Pez
y adornado de aletas
pasea sus errancias
entre diamantes de agua
valido de branquias
en vez de pulmones

Por el contrario la pez
que pareciera la novia
del pez y acuaria
sepa señora Anacleta
que no se trajea

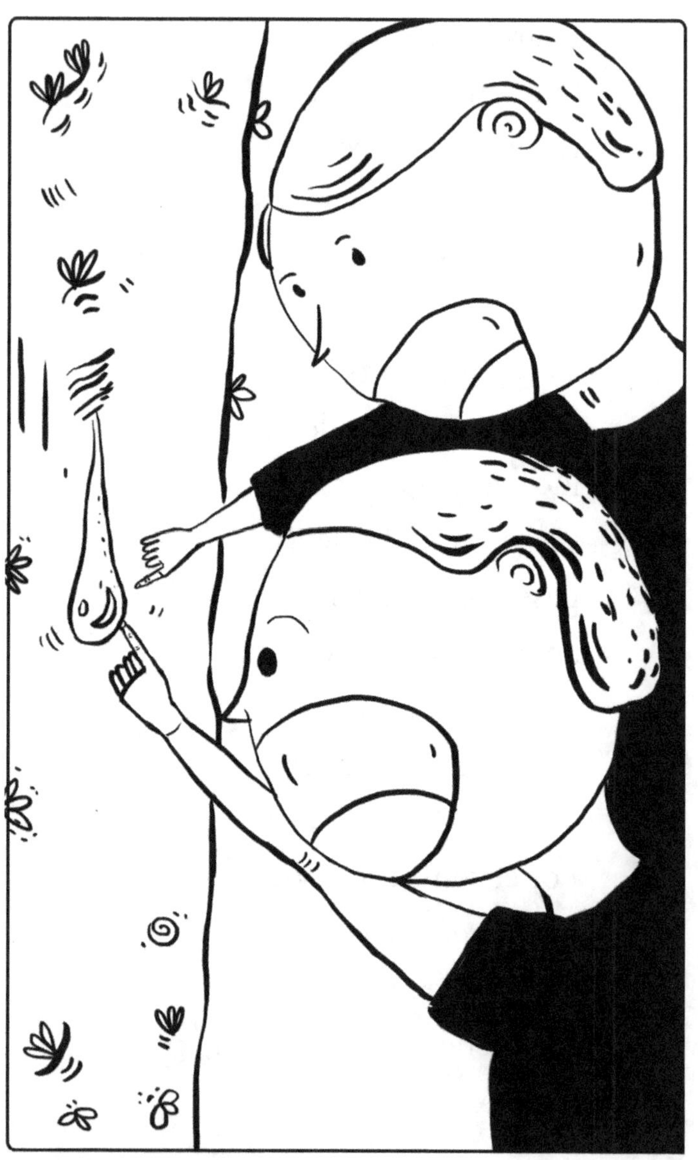

con escamas ni aletas
porque no es animal
sino un ser vegetal

Es una resina
especie de goma
que en la colina
arriba en la loma
en los tallos del pino
y también del abeto
brota jugosa
y muy pegajosa
al pie de la choza
de Adán Montesino
y de Juan Aniceto.

Aries

–¿Qué será lo que tiene don Chivo Beé-Beé?–preguntó una fresca mañana tío Guacamayo a tía Lora, subidos en la rama del mango.

–¿Por qué me pregunta eso, tío Guacamayo?–, inquirió a su vez tía Lora.

Y tío Guacamayo contestó:

Raro se porta el chivato
que me tiene preocupado
pues suspira y suspira

y si usted bien lo mira
piensa que está turulato.

–A lo mejor no es nada, tío
Guacamayo…ya se le pasará – comentó tía
Lora con cierta displicencia, dejando caer un
pedacito de cáscara por entre las ramas.

Tío Guacamayo volvió a tomar la
palabra:

–No estoy de acuerdo con usted, tía
Lora, pues esa suspiradera
que tiene ahora
presagia enfermedad
severa.

Note que sus ojos brillan
como vidrios en un vidrial
y se ponen a gotear

cuando miran y remiran
la foto que abraza y besa
por lo que estoy sospechoso
de que algo triste y hermoso
dentro del alma le pesa.

–Pues a lo mejor se estará volviendo loco, tío Guacamayo, por falta de hierba fresca en este verano que está muy duro–, pronosticó tía Lora, a punto de dar otro picotazo a la fruta que sostenía con fuerza entre sus pequeñas garras.

–No, tía Lora, creo que está muy lejos de la verdad porque fíjese–, empezó a explicar tío Guacamayo, prosiguiendo:

– don Chivo Beé-Beé
a cada rato se ve
y se asoma en el manantial.

y en el espejo del agua
se peina también se lava
y se alisa la pelambre
de su elegante chivera
y niego que sea por hambre
que padezca tanto mal.

–Bueno, entonces es que al no tener oficio pierde el tiempo en tonterías—, ironizó tía Lora, como queriendo acabar con una conversación que no le interesaba un comino.

Sin darse por vencido, tío Guacamayo continuó:

–Por favor, tía Lora,
deponga usted sus resabios
y lea mejor sus labios
que pronuncian E-le-o-no-ra.

–De pronto sí, tío Guacamayo, y debe ser el nombre de una de esas vacas que pastan cerca de él, del hato de Don Simeón, a quien le gusta bautizar sus animales con nombres tan musicales–, comentó en son de burla la interpelada.

–Es usted muy cruel, tía Lora, y hasta me temo que nunca ha sentido lo que es el amor de verdad-verdad–, anotó tío Guacamayo con un deje de tristeza en su voz.

–¿Habla usted de amor, tío Guacamayo? ¿De eso que lo hace a uno comportarse como un idiota? ¡Bah¡ ¡Bah¡, exclamó con desprecio tía Lora. Y tío Guacamayo la corrigió con mucha dulzura y muy inspirado:

Eleonora

–No, tía Lora, hablo de eso que nos
hace creer
por estar con la amada
que así se desgranen las nubes
en blandas arvejas de lluvia
hace sol.

Que nos hace pensar
que el sol es la luna
extraviada en el día
y que la luna es el sol
despistado en la noche

Que nos hace volar
sin tener la fortuna
ni la gracia de un chupaflor

Que el corazón nos encoge
como tierna uva pasa
y nos anuda la voz

al ver venir lo que amamos

Y por lo que notamos
que somos a medias
si uno del otro se va
y que sólo
quedamos completos
si vuelve aquel que se fue

Le hablo de eso que…

Y entonces tía Lora lo interrumpió
conmovida:

–¡No siga, tío Guacamayo, que me hace
llorar¡ ¡Mejor váyase y déjeme tranquila!

Y voló hasta el árbol cercano con los
ojos húmedos, muy lejos de tío Guacamayo
que ahora contemplaba a sus anchas a

don Chivo Beé-Beé, a quien admiraba y compadecía desde lejos por su envidiable mal de amor. Y a quien, gracias a sus ojos de largo alcance, vio escribir con una varita en la arena del manantial este poema para su amada:

> Eleonora
> Eleonora
> mi alma te adora
> hora tras hora
>
> Poco me importa
> que te hayan llevado
> de aquí hasta la China
> pues he de esperarte
> o a la Cochinchina,
> con mi corazón encendido
> lámpara despierta
> en la noche desierta

He de esperarte
con el amor encendido
lámpara despierta
en mitad del corazón

Y te reitero
mi amada Eleonora
por quien mi alma
llora que llora
que apaga primero
el sol su refuego
antes que mi alma
renuncie
a tan terca vigilia.

Tauro

Toro torito
toro de la fortuna
con esa chispa de luna
en la noche de tu frente

Toro torete
muy juguetero
que venga un torero
y retoce contigo
sin dolor ni castigo
sin la cruel banderilla
que duele y te humilla

Que en vez de jactancia
derroche elegancia
y salero en sus lances
sin la espada que alcance
con su horrible punzón
ni tu alma ni el corazón

Toro torillo
torito para pastar
blandos diamantes de sol
entre el verde pastizal

Y para mirarte escanciar
tibia leche de luna
de noche en el manantial.

Géminis

En casa del matrimonio
de Juan López y Etelvina
              nacieron en una noche
              del cálido mes de julio
dos niños de lindo porte
y disparejos de veras
              el uno niñito blanco
              y el otro negrito niño
suceso que causó revuelto
y chismes a tutiplén

Pero la tierna abuela
la señora Domitila

el grito puso en el cielo
¡Son gemelos! ¡Son gemelos!
y toda la familia entera

Famosos los gemelos fueron
y de pantalla y de portada entera
y de páginas primeras
en periódicos T.V. y revistas
gozaron todos los días

Y con ayudas extranjeras
de instituciones bondadosas
a la familia López Olarte
la fortuna le cayó de arriba
asegurando su futuro
los gemelos de maravilla

Y cuando pasó el festejo
de todos los asombrados
el doctor Sabelotodo

del reino de Allálejuras
estudioso de los caprichos
de la Madre Natura
hizo luz de los motivos
por los cuales tuvo Etelvina
gemelos de dos tinturas

"He descubierto
dijo a la periodista
que cuando apenas
en el vientre de Etelvina
la sabia naturaleza
a moldearlos comenzó
la madre se aficionó
al jugo achocolatado
de la fruta borojó
y a beber leches en latas
de las que anuncia el televisor"

Y cuando la periodista
astuta le preguntó
por qué los dos muchachitos
no pintaron tono canela
el doctor Sabelotodo
esto le respondió:

"–Porque Etelvina
la afortunada
satisfizo sus antojos
o caprichos maternales
haciendo lo que digo:

el jugo de borojó
que a poncheradas bebió
lo saboreaba por las mañanas

y los baldados de leche
en latas
en horas del mediodía
cuando tocaba almuerzo

"Y fue por ello que ocurrió
que el jugo de borojó
y la leche de pote o lata
cogieron distintos rumbos
sin cruzarse en el camino".

Cáncer

Desde mi atalaya
de salvavida
con mi catalejo
veo a tío Cangrejo
pasear por la playa:

> Va de gafas oscuras
> con porte elegante
> y suaves pantuflas
> de nutria y de gante

Con la piel muy tostada
por los rayos del sol
y del brazo colgada
la toalla.

Don Caracol
lo mira burlón
por la jabonera
espejo y cepillo
con que darle buen brillo
a la opaca armadura
y comenta:

–"Ahí va "caradura"
dizque a broncearse en la playa"

Bajo el sol de candela
con mi catalejo
veo a don Cangrejo
acostarse en la toalla

de tela floreada
sobre la arena caldeada
bajo el parasol
y en la grabadora
insertar
un C.D. bullanguero
dispuesto a escuchar
al popular Pedro Laza
con su son pelayero.

Leo

Perdióse un violinista un día
en el fondo de la selva
e iba por un camino
por doquier peligroso
mientras plún plún plún plún
el corazón le hacía
del susto que lo asustaba

De improviso escuchó un rugido
que a sus espaldas sonó
y el susto ya fue un sustazo
que en el alma se le metió

Era un león hambriento
que furtivo lo seguía
y temblequeando pensó el artista
"Te acabaste vida mía"

Mas recordó de pronto
lo que en un libro leyó
que "le encantan a los leones
las hermosas melodías"
y ni corto ni perezoso
el violinista angustiado
pulsó su violín amado
y la sonata comenzó

El león sucumbió al embrujo
y en la hierba se sentó
a escuchar embelesado
la preciosa partitura
que del violín salía

Y así fueron llegando
        un león más otro más
        como quien dice subyugados
        por los acordes del violín
        pulsado por el artista
        quien entre nota y nota
        pensaba emocionado:

"Me he salvado
me he salvado
y gracias violín querido
por haberme protegido"

Mas poco duró su dicha
        porque lo espantó un rugido
        que del boscaje provenía
        y que era de un viejo león
        de colmillos muy afilados
        que encima se le lanzó
        y de un bocado se lo tragó

Los leones entristecidos
lloraron a grito herido
la muerte del fino artista
y en coro dijeron todos
molestos con el intruso
que acabó con el hechizo
de la campal retreta:

"Tenía que llegar el sordo
a dañarnos la linda fiesta".

Virgo

Cuentan que en un lindo pueblo llamado Ziraquipá / montado en la cordillera / en casa de unos creyentes / la Virgen apareció. / Y que hubo bulla / tanto ruido / y que muchos tele-video-audientes / contemplaron admirados / la silueta de la santa / que en la pared se veía. / Y la figura conmovida / llorosa y estremecida / del inquilino privilegiado / relatando con emoción / cómo su corazón / a punto estuvo de infarto / cuando descubrió los trazos / de la imagen de María/. Y empezó la romería / de los fieles predispuestos / a invadir la casa ajena / para el goce del milagro / mientras la

policía / cuidaba que no ocurrieran / locuras
o desafueros.

Mas todo se volvió cenizas / al paso
de los días / cuando en un noticiero / poco
tiempo después / una mujer muy gorda / del
mismo Ziraquipá a un reportero aclaró:

"¿Cuál imagen cuál aparecida
de la santa imagen bendecida ?
"Viví largo en esa casa
donde pasa lo que pasa
y en un almacén compré
la figura que ahora ve
en plástico fabricada

"En la pared del comedor
a un lado la coloqué
donde siempre le hice honor
hasta cuando me trastié

"Esa casa la ocuparon
los actuales usuarios
y a pesar de los colores
con que las paredes cubrieron
para arrendarla de nuevo
los trazos de la figura
un tanto difusos quedaron
y al secarse la pintura
reapareció la silueta
como por arte de magia

"Y si cree que miento yo
amigo del noticiero
ya le traigo ligero
el tiquete que me expidieron
por la compra de esa imagen
en un supermercado
del barrio Chapinero"

Y la gente después reía / y señalaba
con el dedo / cuando pasaba el muchacho /
que tanto había sollozado / en la prensa y en
noticieros / y que estuvo bien convencido /
de haber sido elegido / como una vez dizque
ocurrió / con niños de la campiña / en una tal
Cova de Iría / en el país de Portugal.

Y burlín burlado
todo el mundo se ha quedado
y este cuento se acabó.

Libra

1.

En la escuela La colmena, de la vereda El girasol, una mañana el profesor don Búho impartía con entusiasmo su clase de ciencia física a sus alumnos. Subido en la tarima, el profesor don Búho dijo esa vez con aire doctoral:

–El tema de hoy, jóvenes educandos, es del peso de los cuerpos, pues todo en el universo pesa, desde la leve pluma, la suave espuma y el aire volandero.

Pero ustedes se preguntarán
¿Qué es eso que llaman peso?
Y yo respondo
con voz de sabihondo:
que es la resultante
de la acción que ejerce

sobre los cuerpos

la gravedad.

El profesor don Búho hizo una pausa, repasó con sus ojos el grupo que lo escuchaba perplejo y desconcertado, y entonces exclamó:

–¿Me entienden, jóvenes, si me entienden? ¿Hay por casualidad alguna pregunta inteligente? ¿Si? ¿No?

Niña Tortuga, la tímida y mimosa, entornó sus lindas pestañas, alzó la mano y dijo con voz dulce y reposada:

–Profesor don Búho, ¿y será que una libra de piedras pesa más que una de algodón?...

Sin pestañear siquiera, el profesor don Búho sostuvo con los dedos pulgares las solapas de su levita, levantó el pecho y aseguró con suficiencia erudita.

–¡Claro que sí, niña Tortuga! ¡A simple vista se ve! ¿No ve usted que toda la vida el algodón ha sido más liviano que las piedras?

Niño Caracol pidió enseguida la palabra y con voz lenta y suave inquirió:

–Profesor… don Búho… ¿y si uno… deja caer… de cierta altura… esa libra… de piedra… y la de algodón… será que cae… primero… la de piedra?

–¡Obvio! ¡Obvio! ¡Lógico!, se apresuró a contestar el profesor don Búho casi antes de que niño Caracol terminara su pregunta, insistiendo luego:

–¿Alguna otra inquietud, sospecha o duda? ¡Vamos, anímense, que yo me las sé todas y una más!

Y cuando niña Zorra intentó expresar sus inquietudes, tía Mirla entonó un dulce arpegio en la rama del azahar, indicando que la clase de media hora había concluido.

2.

Rumbo a casa los estudiantes, niño Mico manifestó estas preocupaciones a sus amigos:

–Me huele que el profesor don Búho no nos dijo la verdad sobre el peso de la libra de piedras y la de algodón. ¡Para mí que pesan lo mismo! ¿Ustedes qué opinan?

Y después de pensarlo dos veces, sus amigos lo apoyaron:

—Estamos de acuerdo contigo…pero ¿cómo probarlo?

—Muy fácil, compañeros—, sostuvo niño Mico, y les indicó a niño Caracol, a niño Conejo, a niña Tortuga y a niña Zorra, que se acercaran para secretearles lo que era conveniente hacer.

3.

Un sol recién despierto alumbró el bosque al día siguiente y todos los estudiantes regresaron a clases. Y cuando el profesor don Búho sugirió hacer un repaso de lo enseñado el día anterior, lo interrumpió niña Tortuga con su tierna vocecilla:

–Disculpe profesor don Búho…pero es que algunos hicimos ayer un pequeño experimento para lo del peso y…

–…comprobamos que una libra de piedras pesa lo mismo que una de algodón-, continuó niña Zorra.

Al oír lo que oía, el profesor don Búho explotó pataleando sobre la tarima y secándose el sudor con su pañuelo blanco oloroso a Agua de Verbena:

–¡Cómo así! ¡Eso es imposible! ¡Es una mentira! ¡Cómo se atreven a desmentirme!

–Pues no es mentira, profesor don Búho–, intervino entonces niño Mico, extrayendo de una talega el peso electrónico de la tienda El rebusque, que doña Urraca les había alquilado por unas horas mientras salía de compras para surtir su negocio, a fin de que pesaran en el salón de clases, ante los ojos de todo el curso, la libra de piedra y la de algodón

En esta forma, el resto de los estudiantes del salón comprobó que sus amigos decían la verdad y quedaron mucho más convencidos cuando niño Mico aclaró:

–Como ven, compañeros, **el peso** es el mismo, pero **el volumen**, o sea **la cantidad**, sí es diferente, debido a que el algodón es peso pluma, mientras que la piedras son peso pesado, como se dice en el boxeo. ¿Estamos de acuerdo, compañeros?

kg
lb
0.00
0.00
500 gr
ON / OFF

4.

Por la tarde, los padres de niño Mico, de niño Conejo y de niño Caracol, así como de niña Tortuga y niña Zorra recibieron una carta firmada por don Palomo Torcaz, el director de la Escuela La colmena informándoles que sus hijos tenían, a partir de la fecha, matrícula condicional por su permanente indisciplina y desobediencia.

EPÍLOGO CON MOTÍN A BORDO

Pero cuando amaneció el otro día, don Palomo Torcaz, el profesor don Búho y el resto de profesores, entre los cuales algunos no estuvieron de acuerdo con la injusta medida rectoral, vieron llegar los ocho alumnos restantes del curso portando, en medio de gritos de protesta, pancartas que decían:

¡ LA ESCUELA DEBE ESTIMULAR
EL ASOMBRO, NO DESTRUIRLO!

¡QUEREMOS QUE NOS DEJEN
PENSAR!

¡ABAJO LA INQUISICIÓN!

Escorpión

4 de cada lado
y 8 sumando todas
las patas
de Tío escorpión

Dos pìnzas
en la cabeza
para poder agarrar
almuerzo
desayuno
y cena

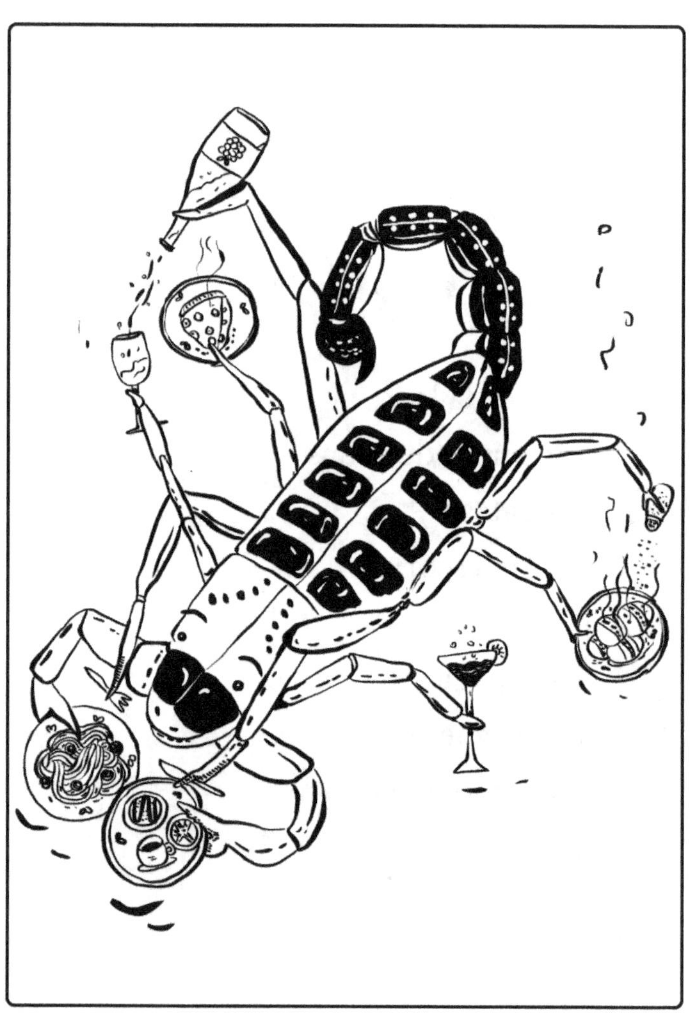

Y si de ñapa
hay coctel
la champaña
y los pasabocas
para llevar a la boca

Tampoco puede faltar
la cola
bastante larga
y terminada en alfiler
con un estuche
donde guardar
"tatequieto"
para inyectar
a cualquier entrometido
que no sepa guardar
el respeto
merecido.

Sagitario

Dicen que alguna vez
al niño Natanael
consentido de los Bolaños
le dieron de cumpleaños
un arco con muchas flechas

El niño no cabía de gozo
y solo se ponía en el patio
a practicar sin ningún reposo
tarde mañana y noche
lanzando flechas al blanco

Ni un segundo descansaba
el niño Natanael
        de practicar cual un arquero
a punto de competencia
        y sin fatiga y con gran paciencia
se hizo experto en arquería

Mas un día de los vecinos
        vinieron sobradas quejas
debido a que muchos techos
        de sus casas bien cuidadas
parecían un colador
        con agujeros por donde el frío
y la lluvia se les colaba

Y se hizo culpable de aquellos daños
        en el cercano vecindario
a causa de su costumbre
        de salir al anochecer
y entre las sombras del patio

su arco apuntar al cielo
dedicado a cazar luceros
por mero gusto y placer.

Contenido

Álvaro Morales Aguilar

Narrador, poeta, investigador cultural y ensayista nacido en Tamalameque, Cesar, Colombia.

Algunos de sus libros para niños y jóvenes son: Vida y asombros de don Ruma (1984), La luna y el arca de cristal (poesía) (1984) y El señor secretero (2003).

Actualmente es director de la Asociación de Escritores del Caribe y del periódico Magazín del Caribe.

www.ingramcontent.com/pod-product-compliance
Lightning Source LLC
Chambersburg PA
CBHW071941120726
48001CB00005B/1993